BEI GRIN MACHT SICH IHR WISSEN BEZAHLT

- Wir veröffentlichen Ihre Hausarbeit,
  Bachelor- und Masterarbeit

- Ihr eigenes eBook und Buch -
  weltweit in allen wichtigen Shops

- Verdienen Sie an jedem Verkauf

Jetzt bei www.GRIN.com hochladen
und kostenlos publizieren

GRIN ☺

Die Bedeutung von NoSQL-Datenbanken. Merkmale und Hintergründe der Entstehung

Bibliografische Information der Deutschen Nationalbibliothek:

Die Deutsche Nationalbibliothek verzeichnet diese Publikation in der Deutschen Nationalbibliografie; detaillierte bibliografische Daten sind im Internet über http://dnb.d-nb.de abrufbar.

ISBN: 9783389047309
Dieses Buch ist auch als E-Book erhältlich.

Druck und Bindung: Books on Demand GmbH, Norderstedt Germany
Gedruckt auf säurefreiem Papier aus verantwortungsvollen Quellen

Das vorliegende Werk wurde sorgfältig erarbeitet. Dennoch übernehmen Autoren und Verlag für die Richtigkeit von Angaben, Hinweisen, Links und Ratschlägen sowie eventuelle Druckfehler keine Haftung.

Das Buch bei GRIN: https://www.grin.com/document/1489798

AKAD

Bildungsgesellschaft mbH

Informatik – Bachelor of Science (B. Sc.)

DBA62 - Nicht-Standard-Datenbanken

Assignment

Die Bedeutung von NoSQL-Datenbanken

Merkmale dieses Datenbanktyps und Hintergründe seiner Entstehung

Inhaltsverzeichnis

Abbildungsverzeichnis I

Abkürzungsverzeichnis I

1. Einleitung 1

   1.1   Problemstellung und Ziele der Arbeit 1

   1.2   Struktur der Arbeit 2

2. Grundlagen und Definitionen 2

   2.1   Relationalen Datenbanken 2

   2.2   SQL-Datenbanken 3

   2.3   NoSQL-Datenbanken 3

3. NoSQL-Datenbanken 4

   3.1   Hintergründe und Entstehung von NoSQL-Datenbanken 4

   3.2   Eigenschaften von NoSQL-Datenbanken 5

      3.2.1   CAP-Theorem 6

   3.3   Arten von NoSQL-Datenbanken 6

      3.3.1   Key-Value Store 6

      3.3.2   Document Store 7

      3.3.3   Wide Column Store / Column Families 7

      3.3.4   Graph-Datenbanken 8

   3.4   Gegenüberstellung von relationalen und NoSQL-Datenbanken 9

      3.4.1   Vorteile von NoSQL-Datenbanken 10

      3.4.2   Nachteile von NoSQL-Datenbanken 10

4. Anwendungsfelder von NoSQL-Datenbanken 10

5. Fazit und kritische Reflexion 11

Literaturverzeichnis IV

Anhang V

Abbildungsverzeichnis

Abbildung 1: Beispiel einer Dokumentdatenbank V

Abkürzungsverzeichnis

ACID .... Atomarität, Konsistenz, Isolation, Dauerhaftigkeit

BASE .... Basically Available, Soft State, Eventually Consistent

bzw. .... beziehungsweise

CAP .... Consistency, Availability, Partition Tolerance

etc .... et cetera

SQL .... Structured Query Language

z. B. .... zum Beispiel

1. Einleitung

Mit dem Wandel zu einer Informations- und Wissensgesellschaft hat die Information eine neue Bewertung als Produktionsfaktor erhalten. Durch ihre immaterielle Art benötigen Informationen jedoch eine Darstellungsform, sodass Informationssysteme mit ihnen arbeiten können. Die Darstellung kann durch Zeichen, Signale, Nachrichten oder Sprachelemente, allgemein auch als Daten bezeichnet, Spezifität werden. Für die Speicherung der Daten werden Datenbanken verwendet, in der Praxis sind dies oft SQL-Datenbanken.[1]

Mit dem Einzug von Big Data haben relationale Datenbanken Schwierigkeiten bei der Auswertung und Haltung der Daten, da die Komplexität der Daten gestiegen ist. Die Steigerung der Komplexität hängt mit dem Umfang, der Strukturvielfältigkeit, sowie der Volatilität und Verfügbarkeit der Daten zusammen, was zu Forderungen nach flexibleren und skalierbareren Datenbanklösungen führt. Als mögliche Antwort auf diesen Forderungen erschienen die NoSQL-Datenbanken.[2]

Auf der Notwendigkeit effizienter Verwaltung großer Datenmengen, sowie der Erfüllung von spezifischen Anforderungen moderner Anwendungen basiert die Relevanz der NoSQL-Datenbanken.

1.1 Problemstellung und Ziele der Arbeit

Die zentrale Problemstellung dieser Arbeit ist die Analyse der Entstehung von NoSQL-Datenbanken und welche Faktoren und Entwicklung zu ihrer Entstehung geführt haben. Des Weiteren erfolgt eine Abgrenzung zwischen NoSQL-Datenbanken und traditionellen, etablierten relationalen Datenbanken. Die Identifikation spezifischer Anwendungsfälle für den effizienten Einsatz von NoSQL-Datenbanken und die Analyse und Bewertung der positiven und negativen Aspekte der Nutzung von NoSQL-Datenbanken werden im Anschluss erörtert.

---

[1] vgl. Kaufmann und Meier, 2023, S. 1
[2] vgl. Fasel und Meier, 2016, S. 5 ff.

1.2 Struktur der Arbeit

Die folgenden Abschnitte der Arbeit dienen einer intensiven Auseinandersetzung mit den Aspekten des speziellen Datenbanktyps, um das Verständnis für dessen Rolle und Funktionalität zu vermitteln. Im zweiten Kapitel werden die notwendigen Grundlagen und Definitionen zu relationalen, SQL- und NoSQL-Datenbanken erläutert. Anschließend erfolgt die Betrachtung des Hintergrunds von NoSQL-Datenbanken, sowie deren Eigenschaften, den Vor- und Nachteilen und die Abgrenzung zu relationalen Datenbanken im dritten Kapitel. Die verschiedenen Anwendungsfelder von NoSQL-Datenbanken stehen im vierten Kapitel im Fokus. Darauf folgen eine Zusammenfassung und eine kritische Reflexion zu dieser Arbeit im fünften und letzten Kapitel und bildet den Schluss dieser Arbeit.

2. Grundlagen und Definitionen

Zur Unterstützung des Verständnisses werden in diesem Kapitel die notwendigen Definitionen von relationalen, SQL- und NoSQL-Datenbanken erläutert und deren Grundlagen betrachtet.

2.1 Relationalen Datenbanken

In den 1970er Jahren legte Edgar F. Codd mit seiner Arbeit den Grundstein für das mathematische Fundament relationaler Datenbanken. Seine Theorien haben bewiesen, dass ein bestimmter Tabellenaufbau die Vermeidung von Redundanzen und die Löschung von Einzeldaten ermöglichen.[3]

„Eine relationale Datenbank ist eine Datenbank, die der Benutzer ausschließlich als eine Ansammlung von zeitlich variierenden, normalisierten Relationen passender Grade erkennt."[4] Eine relationale Datenbank stellt eine digitale Datenbank dar, welche auf dem relationalen Datenbankmodell basiert und elektronische Daten auf Computersystemen verwaltet. In diesem Kontext wird eine Tabelle als Relation bezeichnet und sie besteht aus Zeilen und Spalten. Eine Zeile repräsentiert einen Datensatz und eine Spalte repräsentiert ein Attribut bzw. eine Eigenschaft des

---

[3] vgl. Ernst, Schmidt, Beneken, 2023, S. 757; Schicker, 2017, S. 25
[4] vgl. Schicker, 2017, S. 25

Datensatzes. Durch den einfachen Zugriff auf die Tabellen erfreuen sich relationale Datenbanken großer Beliebtheit, weshalb die Mehrheit der Datenbanken durch relationale Datenbanken abgebildet werden. Dies hat allerdings zugleich den Nachteil, dass es zu längeren Laufzeiten kommt. Der Grund hierfür ist, dass die Tabellen oft aus verschiedenen Tabellen zusammengesetzt werden müssen.[5]

2.2 SQL-Datenbanken

SQL steht für Structured Query Language und ist die Programmiersprache der digitalen SQL-Datenbanken. Die Programmiersprache wurde ursprünglich von IBM in den 1970er Jahren entwickelt und durch sie können Datensätze aus relationalen Datenbanken aufgerufen, gespeichert und verwaltet werden.[6] SQL zählt zu den nicht prozeduralen Programmiersprachen aufgrund des Fehlens von allgemeinen Methoden zur Formulierung von Algorithmen, wodurch SQL nicht Turing-vollständig ist. Bei Datenbankzugriffen wird beschrieben, wie ein Zugriff erfolgt, sondern nur welches Ergebnis der Anwender erwartet.[7] Deshalb ist SQL eine deklarative Programmiersprache, da der Anwender angeben muss, welche Daten ausgegeben werden sollen und welche Bedingungen die Daten erfüllen müssen.[8]

SQL wird von den führenden Datenbanksystemen wie ORACLE, IBM DB2, Microsoft Access, Microsoft SQL-Server, MySQL in den verschiedensten Variationen unterstützt. Daher gilt sie oft als Sprachstandard, der den Benutzern die Kommunikation mit dem Datenbanksystem ermöglicht, sowie Abfragen, Datenmanipulation und Schutz der Daten ermöglicht.[9]

2.3 NoSQL-Datenbanken

Beim Datenmanagement von nicht-relationalen Daten wird oftmals der Begriff NoSQL verwendet. Um als NoSQL-Datenbank bezeichnet zu werden muss mindestens eine der folgenden Bedingungen zutreffen.

- Die Datenbanksprache ist nicht SQL.

---

[5] vgl. Schicker, 2017, S. 12
[6] vgl. Kaufmann und Mülder, 2023, S. 12
[7] vgl. Ernst, Schmidt, Beneken, 2023, S. 766
[8] vgl. Steiner, 2021, S. 154
[9] vgl. Steiner, 2021, S. 143

- Es werden keine Tabellen als Struktur zur Speicherung von Daten verwendet. [10]

NoSQL-Datenbanken stellen somit eine Alternative zu relationalen Datenbanken dar. Das „no" im Begriff „NoSQL" wurde im ursprünglichen Kontext als „not" definiert, jedoch wandelte es sich im Laufe der Zeit zu einem „not only". Es handelt sich um einen Sammelbegriff und stellt kein festes greifbares Konzept dar.[11] Im Wesentlichen lassen sich NoSQL-Datenbank-Management-Systeme in vier verschiedene Datenmodelle unterteilen: Key-Value, Dokument-orientiert, Wide Column, Graph-orientiert[12].

Je nach Art und Weise ist das Datenbankmodell schemafrei oder es verfügt über ein weniger fixes Datenbankschema als in relationalen Datenmodellen verwendete Schemata. Die Architektur einer NoSQL-Datenbank unterstützt massiv skalierbare Anwendungen und sorgt durch verschiedene Replikationsarten für die Möglichkeit der Datenreplikation. Sollten eine hohe Verfügbarkeit und Ausfalltoleranz angestrebt werden, ist aufgrund des CAP-Theorems mit einer verzögerten Zugriffszeit und Gewährleistung zu rechnen.[13]

3. NoSQL-Datenbanken

In diesem Kapitel werden die Hintergründe und Entstehung von NoSQL-Datenbanken betrachtet, gefolgt von den Eigenschaften und dem CAP-Theorem. Anschließend werden die Arten von NoSQL-Datenbanken genauerer erörtert. Zum Abschluss des Kapitels erfolgt eine Gegenüberstellung von relationalen und NoSQL-Datenbanken, sowie die Untersuchung der Vor- und Nachteile von NoSQL-Datenbanken.

3.1 Hintergründe und Entstehung von NoSQL-Datenbanken

Bereits vor der Einführung von relationalen Datenbankmodellen durch Ted Codd existierten nicht-relationale Datenbanken in Form von hierarchischen oder

---

[10] vgl. Kaufmann und Meier, 2023, S. 14
[11] vgl. Ernst, Schmidt, Beneken, 2023, S. 757
[12] vgl. Frick et al., 2021, S. 100 ff.
[13] vgl. Kaufmann und Meier, 2023, S. 14 ff.

netzwerkartigen Strukturen. Auch nach der Verbreitung von relationalen Datenbanksystemen wurde nicht-relationale Ansätze weiterhin in technischen oder wissenschaftlichen Anwendungen verwendet.[14]

Der tatsächliche Katalysator für die wachsende Popularität kam allerdings erst zu Beginn des neuen Jahrtausends. Zusammen mit dem Aufstieg des Internets wuchs auch die Bedeutung globaler Webdienste. Google zählt zu den Vorreitern mit dem Ansatz Map/Redruce und dem BigTable-Datenbanksystem aus dem Jahr 2004., worauf weitere Firmen wie Yahoo, Amazon, MySpace, Facebook, etc. folgten. Heutige NoSQL-Systeme entstanden zwischen 2006 und 2009, wozu unter anderem auch MongoDB, HBase/Hypertable, Cassandra und weitere Datenbanksysteme zählen.[15] Ein weiterer Faktor für die Entstehung einer Alternative zu relationalen Datenbanken war Big Data. Relationale Datenbanken stießen an ihre Grenzen mit den Anforderungen, welche durch Big Data entstanden und dessen Eigenschaften. Big Data hat folgende drei Eigenschaften:

- Volumen: Daten haben einen sehr großen Umfang
- Velocity: Daten haben eine hohe Veränderungs- und Verarbeitungsgeschwindigkeit
- Variety: Vielfalt von unterschiedlichen Arten von Daten

Die Eigenschaften werden in einigen Quellen auch um Veracity, was als die Aussagekraft der Daten deklariert wird und als fünfte Eigenschaft Value, dem Wert den Daten für ein Unternehmen darstellen, ergänzt.[16] Diese Eigenschaften von Big Data stellen eine große Herausforderung für relationale Datenbanken dar.

3.2 Eigenschaften von NoSQL-Datenbanken

NoSQL-Datenbanken weisen verschiedene Eigenschaften auf, die sie von traditionellen relationalen Datenbanken unterscheiden. Der grundlegendste Unterschied ist das Datenbankmodell, welches nicht relational ist.[17] „Das Datenbanksystem erfüllt die Anforderungen für umfangreiche Datenbestände (Volumen), flexible Datenstrukturen (Variety) und Echtzeitverarbeitung (Velocity)"[18]

---

[14] vgl. Kaufmann und Meier, 2023, S. 13
[15] vgl. Edlich et al., 2011, S. 11 f.
[16] vgl. Kaufmann und Mülder, 2023, S. 11 f.
[17] vgl. Edlich et al., 2011, S. 2
[18] vgl. Kaufmann und Meier, 2023, S. 16

Von Beginn an sind die Systeme auf eine verteilte und horizontale Skalierbarkeit ausgerichtet.[19] Es handelt sich um ein Open Source System, wodurch die Anforderungen von Big Data nicht immer erfüllt werden.[20] Das System ist schemafrei und besitzt keine strikten Schemarestriktionen.[21] Durch die Verwendung einer verteilten Architektur steht eine einfache Datenreplikation zur Verfügung.[22] „Aufgrund des CAP-Theorems ist die Konsistenz lediglich verzögert gewährleistet („weak consistency"), falls hohe Verfügbarkeit und Ausfalltoleranz angestrebt werden."[23]

3.2.1 CAP-Theorem

Verteilte Systeme unterliegen der Aussage des CAP-Theorems, welches auch als Brewer's Theorem bekannt ist. Die Abkürzung CAP steht für Consistency (Konsistenz, Availability (Verfügbarkeit) und Partition Tolerance (Ausfalltoleranz). Konsistenz besagt, dass jeder Netzknoten dieselbe Antwort auf Anfragen liefern muss. Verfügbarkeit bezeichnet die Notwendigkeit der Beantwortung jeder Anfrage durch das System. Ausfalltoleranz beschreibt den unabhängigen Betrieb von Komponenten im Falle eines Ausfalles der Kommunikationsverbindung.[24] Nach diesem Theorem ist ein System in der Lage zwei Eigenschaften von CAP zu erfüllen, allerdings niemals alle drei.[25]

3.3 Arten von NoSQL-Datenbanken

In diesem Teilkapitel werden die Arten von NoSQL-Datenbanken erörtert.

3.3.1 Key-Value Store

Key-Value Datenbanken besitzen eine simple Struktur, welche aus Schlüssel-Wert-Paaren besteht. Der Zugriff auf die Werte (Value) erfolgt über einen eindeutigen Schlüssel (Key). Durch die eindeutigen Schlüssel werden keine Indizes benötigt,

---

[19] vgl. Edlich et al., 2011, S. 2
[20] vgl. Fasel und Meier, 2016, S. 342; Kaufmann und Mülder, 2023, S. 7
[21] vgl. Edlich et al., 2011, S. 2
[22] vgl. Edlich et al., 2011, S. 2; Kaufmann und Mülder, 2023, S. 342
[23] vgl. Kaufmann und Meier, 2023, S. 16
[24] vgl. Edlich et al., 2011, S. 30 ff.
[25] vgl. Kaufmann und Mülder, 2023, S. 342 f.

was eine hohe Datenverarbeitungsgeschwindigkeit durch die fehlenden Aufrufe von Indizes zur Folge hat. Diese Form der Datenbank weist eine hohe Flexibilität auf, da Werte die Form von einfachen Zahlen bis zu komplexen Objektgeflechten annehmen können.[26] Zusätzlich haben Key-Value Datenbanken eine hohe Skalierbarkeit, die durch Sharding möglich ist. Dabei werden die Schlüssel in Teilräume aufgeteilt und auf unterschiedlichen Knoten im Cluster verteilt.[27] „Typische Anwendungsfälle umfassen auch Caches, z. B. von Webseiten. „[28]

3.3.2 Document Store

Dokumentdatenbanken stellen eine NoSQL-Variante dar, welche die Schemafreiheit der Key-Value Stores mit der Möglichkeit der Strukturierung von gespeicherten Daten kombiniert. Auf der grundlegenden Ebene werden Dokumente unter einem Schlüssel gespeichert. „Dokumente stellen dabei das Pendant zu Datensätzen in relationalen Datenbanken dar und können wiederum andere Dokumente in sich tragen (so genanntes Nesting)."[29]Im Gegensatz zur Namensgebung speichern Dokumentdatenbanken keine allgemeinen Dokumente wie Web-, Video oder Audiodateien. Stattdessen werden strukturierte Daten in Datensätzen, welche als „Dokumente" bezeichnet werden, abgespeichert[30] Durch Nesting ist es möglich, dass Werte beziehungsweise Attribute rekursive Listen von weiteren Schlüssel-Wert-Paaren beinhalten. Unter den Dokumenten selbst existieren keine Beziehungen, es handelt sich um eine in sich geschlossene Sammlung von Daten.[31] (siehe Abbildung 1 im Anhang)

3.3.3 Wide Column Store / Column Families

Spaltenfamilien-Datenbanken stellen eine Mischung aus Key-Value-System und spaltenorientierter Datenbank dar. Anders als bei relationalen Modellen werden die Attribute nicht reihen-orientiert, sondern spalten-orientiert gespeichert.[32]

---

[26] vgl. Ernst, Schmidt, Beneken, 2023, S. 757
[27] vgl. Kaufmann und Meier, 2023, S. 254
[28] vgl. Kaufmann und Mülder, 2023, S. 343
[29] vgl. Kaufmann und Mülder, 2023, S. 344
[30] vgl. Kaufmann und Meier, 2023, S. 259
[31] vgl. Kaufmann und Meier, 2023, S. 259 ff.
[32] vgl. Edlich et al., 2011, S. 53

Datensätze werden dabei in multidimensionalen Maps gespeichert, die relationalen Objekten ähneln. Diese Datensätze bestehen aus Schlüssel-Wert-Paaren. Der Schlüssel ist eine Zusammensetzung aus Reihenschlüssel, Spaltenschlüssel, sowie Zeitstempel. Der Reihenschlüssel ist eindeutig und übernimmt die Rolle des Identifikators für den jeweiligen Datensatz und bestimmt die Sortierung sowie das Autosharding. Daten werde in Column Families gruppiert, wobei eine Family mehrere Spalten zusammenfasst. Die Zusammensetzung des Spaltenschlüssels besteht aus dem Identifikator der Column Family sowie dem Identifikator der Spalte. Werte werden nicht überschrieben, sondern mittels des Zeitstempels versioniert. Column Families werden genutzt um Daten physisch abzuspeichern, zu komprimieren und zu verteilen. Sie ermöglichen eine effiziente Speicherung und Verarbeitung von Datensätzen.[33] HBase oder Amazon Simple DB sind zwei Beispiele für spaltenorientierte Datenbankmanagementsysteme.[34]

3.3.4 Graph-Datenbanken

Diese Art der Datenbank hat eine besondere Struktur in Form eines Graphen. Informationen werden als Knoten (Nodes) und Beziehungen zwischen Knoten als Kanten (Edges) dargestellt. Die Knoten sowie Kanten können jeweils eigene Eigenschaften haben.[35] Demnach ist die Erweiterung um weitere Knoten ohne eine Schemaänderung problemlos möglich. Der Fokus dieses Datenbanktyps basiert auf der Darstellung von Beziehungen zwischen Datenpunkten. Dadurch wird die Modellierung von komplexen Beziehungsstrukturen ermöglicht. „Hiermit kann beispielsweise das Geflecht der Freunde („Wer kennt wen?") in einem sozialen Netz sehr gut abgebildet werden."[36]

Graph-Datenbanken unterstützen eine effiziente Traversierung. Von einem Startknoten kann der Graph durchlaufen werden.[37] Beim Sharding verhalten sich Graph-Datenbanken anders als die vorhergenannten NoSQL-Datenbanktypen. Da die Beziehungen zwischen den Datensätzen im Fokus stehen, erfordert die Fragmentierung von Graph-Datenbanken die Berücksichtigung dieser

---

[33] vgl. Fasel und Meier, 2016, S. 188 f.
[34] vgl. Ernst, Schmidt, Beneken, 2023, S. 758
[35] vgl. Kaufmann und Meier, 2023, S. 267
[36] vgl. Kaufmann und Mülder, 2023, S. 344
[37] vgl. Kaufmann und Mülder, 2023, S. 344

Zusammenhänge. Aufgrund von fehlenden effizienten Methoden und der NP-kompletten Algorithmen unterstützen heutige Graph-Datenbanken Sharding nicht.[38]

3.4 Gegenüberstellung von relationalen und NoSQL-Datenbanken

Das Datenmodell ist ein wesentlicher Kernunterschied zwischen den beiden Ansätzen der Datenbankmodellierung. Während relationale Datenbanken eine strikte Modellierung erfordern und auf einem tabellenbasierten, relationalen Modell basieren, sind NoSQL in dieser Hinsicht freier. Je nach Anwendungsfall gibt es unterschiedliche Modelle, die angewendet werden können.[39] Ein weiterer Hauptunterschied sind die eingesetzten Schemata. Bei relationalen Datenbankmanagementsystemen ist ein strukturiertes, vordefiniertes Schema gegeben, welches die Anzahl an Tabellen und die beinhalteten Spalten festlegt. Komplexere Strukturen müssen deshalb aus mehreren Tabellen mithilfe von sogenannten Joins zusammengestellt werden. Währenddessen erlauben NoSQL Alternativen dynamischere oder sogar schemalose Datenmodelle, die Flexibilität bieten.[40]

Relationale Datenbanken sich auf eine vertikale Skalierung ausgelegt. Diese wird die Erweiterung des Systems durch stärkere Komponenten erlangt. NoSQL-Datenbanken hingegen unterstützen die Möglichkeit der horizontalen Skalierbarkeit, durch die Verteilung auf mehreren Systemen.[41] Ein weiterer Unterschied ist die Konsistenz. Relationale Datenbankmanagementsysteme basieren auf dem ACID-Prinzip (Atomarität, Konsistenz, Isolation, Dauerhaftigkeit) mit dem Ziel konsistente Datenbankzustände zu garantieren. Fehlerhafte Zustände werden im Fehlerfall zurückgerollt und bleiben nach außen unsichtbar.[42] NoSQL-Datenbankmanagementsysteme besitzen eine schwache Konsistenz. Es werden weichere Konsistenzforderungen angewendet, welche BASE (Basically Available, Soft State, Eventually Consistent) genannt wird. Durch das Anstreben einer hohen Verfügbarkeit und Ausfalltoleranz ist es nach dem CAP-Theorem nicht möglich zusätzlich eine hohe Konsistenz zu gewährleisten.

---

[38] vgl. Kaufmann und Meier, 2023, S. 269 f.
[39] vgl. Frick et al., 2021, S. 102 f.
[40] vgl. Ernst, Schmidt, Beneken, 2023, S. 759
[41] vgl. Kaufmann und Mülder, 2023, S. 342
[42] vgl. Kaufmann und Meier, 2023, S. 150 f.

3.4.1 Vorteile von NoSQL-Datenbanken

Ein wesentlicher Vorteil bei der horizontalen Skalierung von NoSQL-Datenbanken ist die Verteilung der Daten auf mehrere Cluster, welche zu jedem beliebigen Zeitpunkt möglich ist. Dies ermöglicht eine bidirektionale Skalierung, wodurch Ressourcen auf- und abgebaut werden können. Des Weiteren ermöglicht es eine hohe Verfügbarkeit und Ausfalltoleranz. Die flexiblen Schemata Varianten der verschiedenen NoSQL-Datenbanktypen erlauben eine schnelle Anpassung an veränderte Anforderungen. Je nach Anwendungsfall bietet NoSQL-Datenbanken eine effizientere Performance bei Lese- und Schreibvorgängen.

3.4.2 Nachteile von NoSQL-Datenbanken

Der erste Nachteil ist die Komplexität bei der Auswahl eines NoSQL-Datenbanktyps, welche durch dessen Vielfalt zustande kommt. NoSQL-Datenbanken besitzen eine geringere Standardisierung als relationale Datenbanken, was ein stark heterogenes Ökosystem zulässt. Dies hat zur Folge, dass ein breiteres Know-how notwendig ist. Die Fachkenntnisse und Erfahrungen im Bereich NoSQL sind durch dessen junges Alter geringer verfügbar ist als bei relationalen Datenbanken.

Durch den Ursprung aus dem Open Source Bereich kann kein umfangreicher Support wie bei Oracle, Microsoft oder IBM geleistet werden. Die Open Source Lizenz führt außerdem dazu, dass es keine Verantwortlichen für die Weiterentwicklung des Systems oder der Anwendung gibt, was fehlende Nachhaltigkeit zur Folge hat.

4. Anwendungsfelder von NoSQL-Datenbanken

NoSQL-Datenbanken haben in verschiedenen Anwendungsfeldern einen entscheidenden Einfluss auf die moderne Datenverarbeitungstechnologie. Aufgrund der Vielfalt von Anwendungsmöglichkeiten werden nur einige Beispiele vorgestellt, um ein besseres Verständnis der Einsatzmöglichkeiten von NoSQL-Datenbanken zu ermöglichen. Big Data gehört zu einem Anwendungsgebiet für NoSQL-Datenbanken. Die Fähigkeit mit großen und heterogenen Datensätzen arbeiten zu können, entspricht den modernen Anforderungen, welche von relationalen Datenbanken kaum bis gar nicht umgesetzt werden können. Im Zusammenhang mit Big Data und der Analyse dieser Daten kristallisiert sich Profiling als ein Anwendungsgebiet heraus, wodurch eine Vorhersage zukünftiger Ereignisse basierend auf vergangenem Verhalten ermöglicht wird. Profiling geht im Kontext von Big Data weit über traditionelles Data Mining hinaus. Der Grund hierfür ist die Möglichkeit der Auswertung von unbegrenzten strukturierten, unstrukturierten und semi-strukturierten Daten in Echtzeit. NoSQL-Technologien bieten die erforderliche Flexibilität für die Sammlung, Speicherung und Analyse dieser vielfältigen Datenarten.[43]

Ein weiterer Anwendungsfall ist das Internet der Dinge, welches große Mengen an Sensordaten inkl. Zeitreihen und Zeitstempel generiert. Des Weiteren gehört die Überwachung von Softwaresystemen, physischen Systemen (Gesundheitsdaten, Wetter), Finanzhandel, sowie Business Intelligence zu den Anwendungsbereichen. Zeitreihendatenbanken, welche eine spezielle Art von NoSQL-Datenbanken darstellen, kommen hierbei zum Einsatz. In diesem Kontext werden die Daten in Splittergruppen nach Zeitintervallen partitioniert, um effiziente Lese- und Schreibvorgänge zu ermöglichen.[44] Ein weiteres Anwendungsgebiet stellen Content-Management-Systeme (CMS) dar, die mit unstrukturierten oder semi-strukturierten Daten arbeiten müssen. Besonders in der Hinsicht, dass sich die Struktur und der Inhalt der Daten konstant ändern können. Durch die Flexibilität der NoSQL-Datenbanktechnologie wird das ermöglicht.[45]

5. Fazit und kritische Reflexion

Die vorliegende Arbeit untersucht die Relevanz, die Entwicklung und die Anwendungsfelder von NoSQL-Datenbanken. In der Analyse der Entstehung von NoSQL-Datenbanken wurde aufgezeigt, dass die Entwicklung mit dem Aufkommen von Big Data und den Herausforderungen großer, heterogener Datenmengen verbunden ist. Das Bedürfnis nach skalierbaren und flexiblen Datenbanklösungen durch große Unternehmen wie Google für den effizienten Umgang mit Herausforderungen von Big Data hatten großen Einfluss auf die Entstehung von

---

[43] vgl. Fasel und Meier, 2016, S. 85 ff.
[44] vgl. Kaufmann und Meier, 2023, S. 273 ff.
[45] vgl. Kaufmann und Meier, 2023

NoSQL-Datenbanken. Des Weiteren fanden eine Differenzierung und Abgrenzung der NoSQL-Datenbanken zu relationalen Datenbanken statt. Wesentliche Unterschiede bilden die flexiblen Schemata, die Skalierbarkeit, sowie das CAP-Theorem in Bezug auf Konsistenz.

Bei der Analyse und Bewertung der Vor- und Nachteile wurde aufgezeigt, dass die horizontale Skalierbarkeit eine effiziente Ressourcennutzung und eine hohe Verfügbarkeit ermöglicht. Die flexiblen Schemata können schnell an veränderte Anforderungen angepasst werden. Allerdings gestaltet sich die Auswahl für einen NoSQL-Datenbanktyp komplex aufgrund der Vielfalt von NoSQL-Datenbanktypen. Zudem bildet der Mangel an Standardisierung und Support eine weitere Herausforderung für den Einsatz von NoSQL-Technologien.

Bei der Identifikation spezifischer Anwendungsgebiete kristallisierte sich heraus, dass NoSQL-Datenbanken besonders für Szenarien wie z. B. Big Data, bei denen sich schnell veränderte Datenmengen verarbeitet werden müssen, eignen. Die Gesamtbewertung von NoSQL-Datenbanken zeigt, dass diese eine zentrale Rolle in der effizienten Verwaltung großer und heterogener Datenmengen darstellen. Ihre Flexibilität und Vielseitigkeit bieten Lösungen für komplexere Herausforderungen im Zeitalter moderner Anwendungen, Big Data und sich ständig weiterentwickelnden Informationssysteme.

Im Rückblick ist zu bedenken, dass diese Arbeit eine abstrakte Betrachtung des Themas ist und als Einstieg in das Thema dienen soll. Sowohl theoretisch als auch praktisch sind weitere Faktoren zu beachten. Der Wandel im Bereich der Informationssysteme ist sehr dynamisch, weshalb derzeit modern angesehene Lösungen sehr schnell ersetzt werden können. NoSQL-Datenbanken werden voraussichtlich weiterhin eine wichtige Rolle in der Bewältigung neuer Herausforderungen spielen. Mögliche Entwicklungen wären eine verstärkte Standardisierung, sowie ein besserer Support für SQL-Systeme dar.

Literaturverzeichnis

Edlich, S., Friedland, A., Hampe, J., Brauer, B. (2011). *NoSQL: Einstieg in die Welt nichtrelationaler Web 2.0 Datenbanken*, 2., aktualisierte und erw. Auflage, Carl Hanser Verlag München, München.

Ernst, H., Schmidt, J., Beneken, G.H. (2023). *Grundkurs Informatik: Grundlagen und Konzepte für die erfolgreiche IT-Praxis – eine umfassende Einführung*, 8. Auflage, Springer Vieweg, Wiesbaden.

Fasel, D., Meier, (2016). *Big data: Grundlagen, Systeme und Nutzungspotenziale*, Springer Vieweg, Wiesbaden.

Frick, D., Gadatsch, A., Kaufmann, J., Lankes, B., Quix, C., Schmidt, A., Schmitz, U. (2021). *Data Science: Konzepte, Erfahrungen, Fallstudien und Praxis*, Springer Vieweg, Wiesbaden

Kaufmann, J., Mülder, W. (2023). *Grundkurs Wirtschaftsinformatik: eine kompakte und praxisorientierte Einführung*, 10. Auflage, Springer Vieweg, Wiesbaden.

Kaufmann, M., Meier, A. (2023). *SQL- & NoSQL-Datenbanken*, 9. erweiterte und aktualisierte Auflage, Springer Vieweg, Berlin.

Schicker, E. (2017). *Datenbanken und SQL: eine praxisorientierte Einführung mit Anwendungen in Oracle, SQL Server und MySQL*, 5., aktualisierte und erweiterte Auflage, Springer Vieweg, Wiesbaden.

Steiner, R. (2021). *Grundkurs relationale Datenbanken: Einführung in die Praxis der Datenbankentwicklung für Ausbildung, Studium und IT-Beruf*, 10. aktualisierte Auflage, Springer Vieweg, Wiesbaden.

Anhang

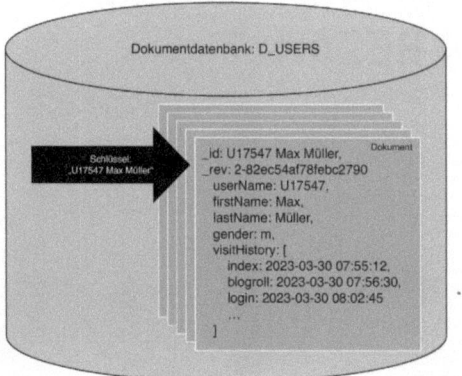

Abbildung 1: Beispiel einer Dokumentdatenbank[46]

---

[46] vgl. Kaufmann und Meier, 2023, S. 260